AVANT-PROPOS

Depuis plus d'une dizaine d'années, la Vente Directe par Réseau prend une place grandissante dans la distribution de produits de consommation courante car elle participe de cette évolution de l'économie qui s 'appuie sur des personnes indépendantes connectées.

Dans ce concept d'entreprise, la personne qui rejoint le réseau des distributeurs se voit proposer un double objectif depuis son premier jour, développer sa propre clientèle et réunir une équipe de distributeurs dans la perspective de créer son entreprise personnelle de la distribution. Les conditions de développement de cette double perspective sont fixées dans un contrat commercial qui détaille les modalités de ces deux volets de l'activité.

Toute personne a, dans cette entreprise, quelque soit son âge, sa formation, ses moyens financiers, l'opportunité de gagner sa vie par son travail en toute indépendance en respectant des valeurs professionnelles et humaines placées au cœur du métier.

Un programme de formation est proposé dès le début de l'activité dans deux domaines, la vente et le recrutement. Mais il faut aussi ajouter une troisième compétence, celle d'avoir la capacité d'être le Leader de son équipe en la formant et en la dynamisant.

Par rapport à de nombreux secteurs de l'économie collaborative, la Vente Directe par Réseau a l'avantage d'être parfaitement structurée par des lois et une déontologie professionnelle.

Les conditions de protection des consommateurs sont fixées par une directive européenne, des statuts d'indépendants sont mis en œuvre depuis de nombreuses années dans chaque pays, un code de conduite mondial fixe les règles professionnelles essentielles.

Il est donc possible de s'engager durablement dans ce nouveau métier avec l'ambition d'y gagner son indépendance financière.

Grâce à l'indépendance, la liberté des horaires, la capacité de fixer ses propres objectifs, la Vente Directe apporte un plaisir dans son travail qui participe largement à la qualité de vie.

Ayez donc le courage d'entreprendre, de faire confiance à vos talents, de prendre votre vie en mains en découvrant, au travers de cette très belle bande dessinée, cette activité d'indépendant.

Philippe Dailey *: Président d'Honneur de la FVD dont il a été Délégué Général pendant dix ans après avoir été Président de la Fédération Européenne et de la Fédération Française de la Vente Directe.*

ENTREPRENEURZ

LE MARKETING RELATIONNEL

SCÉNARIO : CLÉMENT GRANDJEAN
DESSINS : DIANE FAYOLLE
AVEC : JEAN-PHILIPPE HULIN

www.entrepreneurZ.fr
www.facebook.com/entrepreneurZ

www.JeanPhi.com
www.facebook.com/JeanPhiHulin

Remerciements à Laurent Vidal

Dépot légal Mai 2017

ISBN : 978-2-9539369-6-4

2ième tirage

Imprimé en République tchèque par PbTisk

LE SIGNE

PENDANT DES ANNÉES, NOUS VIVONS AVEC NOS CERTITUDES, NOS CRAINTES, NOS DOUTES ET SURTOUT NOS HABITUDES...
PUIS, PARFOIS, UN ÉVÈNEMENT ARRIVE ET NOUS FAIT CHANGER COMPLÈTEMENT NOTRE VISION DE LA VIE ET DU RÔLE QUE L'ON Y JOUE.
CRASH !
NOUS PRENONS ALORS CONSCIENCE QUE LA VIE EST VRAIMENT COURTE ET QUE L'ON EST VENU AU MONDE POUR FAIRE QUELQUE CHOSE DE BEAUCOUP PLUS GRAND
BEAUCOUP DE PERSONNES ATTENDENT ENCORE CE SIGNE POUR SE RÉVEILLER...
MAIS, RASSUREZ-VOUS, SI VOUS FAITES PARTIE DE CES PERSONNES... SI VOUS ATTENDEZ ENCORE UN SIGNE POUR DÉMARRER VOTRE NOUVELLE VIE...
N'ATTENDEZ PLUS...
LE VOICI !
ENTREPRENEURZ

PARTICIPER À UNE SÉANCE D'INFORMATION PUBLIQUE EST L'ÉTAPE QUI SUIT UNE 1ÈRE COURTE EXPLICATION DU CONCEPT
OK ! PARFAIT. ON SE VOIT DONC SAMEDI À 14H
FAIS ATTENTION ! J'AI ENTENDU PARLER DE CES TRUCS LÀ...
LES AVERTISSEMENTS DE NOS PROCHES NOUS POUSSENT À RECHERCHER DES AVIS SUR INTERNET
MAIS CEUX-CI SONT SOUVENT TRÈS NÉGATIFS
ARNAQUES !...
MLM :(manipu-lation.
... PEUR !
J'AI LA NAUSÉE... JE NE ME SENS PAS BIEN...
ON CHERCHE ALORS DES OUVRAGES QUI POURRAIENT PARLER DE CES PRÉTENDUES ARNAQUES...
MAIS, BIZARREMENT, ON NE TROUVE QUE DES LIVRES EN LEUR FAVEUR
MLM!
ntreprise
AHHHH ! TOUT LE MONDE EST DANS LE COUP !
NOTRE CURIOSITÉ NOUS POUSSE À Y ALLER... À CONDITION DE PRENDRE LE PLUS DE PRÉCAUTIONS POSSIBLES
SI JE REGARDE CETTE VIDÉO ET QUE JE ME SUIS INSCRIT DANS LEUR TRUC, C'EST QU'ILS ONT RÉUSSI À ME MANIPULER !
LÀ, C'EST LE VRAI MOI QUI PARLE
C'EST SEULEMENT UNE FOIS SUR PLACE QUE L'ON SE REND COMPTE QUE LES PARTICIPANTS SONT LES MÊMES QUE NOUS...
C'EST BON... APPAREMMENT, IL N'Y A PERSONNE QUE JE CONNAIS !
ET QU'ILS ONT LES MÊMES CRAINTES QUE NOUS !
VOUS AUSSI, VOUS AVEZ HÉSITÉ À VENIR ?
EUH... OUI !
PAR CONTRE, MOI, C'EST PAS PAREIL, JE M'HABILLE COMME ÇA TOUS LES JOURS !

LE FACTEUR LE PLUS IMPORTANT

EN RÉSUMÉ, NOTRE PROFESSION EST ÉTHIQUE ET MODERNE...
ELLE S'APPUIE SUR UN PRINCIPE SIMPLE
AU LIEU DE DÉPENSER UNE FORTUNE POUR LES INTERMÉDIAIRES, PAR EXEMPLE, LA PUBLICITÉ, LES GROSSISTES, LES DÉTAILLANTS...
PRODUCTEUR
IMPORTATEUR
AGENCE PUB
GROSSISTE
DÉTAILLANT
CONSOMMATEUR
LES ÉCONOMIES RÉALISÉES SONT PARTAGÉES ENTRE L'ENTREPRISE, LE CLIENT ET NOUS
VOUS DÉCIDEZ DE VOS HORAIRES ET DE VOTRE IMPLICATION. VOS CLIENTS LES PLUS SATISFAITS VONT VOUS RECOMMANDER ET VOUS ENVOYER DE NOUVEAUX PROSPECTS...
VOS REVENUS PEUVENT ALORS SE DÉMULTIPLIER ET VOUS PERMETTRE D'AVANCER VERS LA LIBERTÉ FINANCIÈRE
CHACUN DE NOUS PEUT SE DÉVELOPPER À SON PLEIN POTENTIEL !
LE FUTUR DU MARKETING RELATIONNEL EST SANS LIMITE !
AH ! NON ! PARDONNEZ-MOI ! IL Y A UNE LIMITE ET C'EST LA SEULE...
IL N'Y A QU'UNE CHOSE QUI PEUT VOUS EMPÊCHER D'ATTEINDRE VOS RÊVES ET DE RÉUSSIR DANS CETTE INDUSTRIE
C'EST VOUS-MÊME !

QUI M'A DIT ?

ROBERT KIYOSAKI DÉCLARE QUE LE MARKETING RELATIONNEL PERMET À TOUT UN CHACUN D'ATTEINDRE LA LIBERTÉ FINANCIÈRE
WARREN BUFFET CONSIDÈRE LE MARKETING RELATIONNEL COMME LE SYSTÈME DE DISTRIBUTION DE L'AVENIR
BILL CLINTON Y VOIT L'UNE DES MEILLEURES SOLUTIONS CONTRE LE CHÔMAGE
MA VOISINE PRÉTEND QUE C'EST UNE ARNAQUE...
QUI CROIRE ?
J'HÉSITE !

SOUTIEN DE TAILLE

CHÉRIE, DEPUIS LA RÉUNION, JE NE SAIS VRAIMENT PAS QUOI FAIRE. SI JE ME LANCE, TU REJOINDRAIS MON ÉQUIPE ?
BEN ÉCOUTE... IL FAUT SE POSER LES BONNES QUESTIONS
NOTRE SALAIRE EST-IL SUFFISANT ?
NON
EST-CE QU'IL POURRAIT TRIPLER AVEC LE TEMPS ?
NON
EST-CE QU'ON PEUT LE REGRETTER UN JOUR SI NOUS NE FAISONS RIEN ?
OUI
SOMMES-NOUS PRÊTS À NOUS BATTRE ?
OUI
QU'AVONS-NOUS À PERDRE ?
RIEN !
QU'AVONS-NOUS À GAGNER ?
TOUT !
ALORS, PRENDS TON TÉLÉPHONE, APPELLE TON PARRAIN ET MONTRONS-LUI DE QUOI NOUS SOMMES CAPABLES !
WOOWWW !
CHÉRIE, TU VEUX BIEN QUE JE FASSE PARTIE DE TON RÉSEAU ?

DIFFICILE À ENTENDRE

ATTENDEZ... VOTRE "OPPORTUNITÉ D'AFFAIRES", C'EST LE TRUC BIDON QUE L'ON VOIT À LA TÉLÉ DANS LES ÉMISSIONS SUR LES FRAUDES ?
VOUS FINISSEZ PAR HARCELER VOS AMIS. VOUS FAITES DE LA VENTE FORCÉE À CEUX QUI EN ONT LE MOINS BESOIN ET CEUX QUI EN ONT LE MOINS LES MOYENS !
VOUS ÊTES SÛRS DE NE PAS VOUS ÊTRE FAIT RECRUTER PAR UNE SECTE ?
VOUS PENSEZ VRAIMENT GAGNER UN REVENU DÉCENT ?
Rouh!
Rouh!
Rouh!
AHAHAHHAH ! VOUS ÊTES VRAIMENT DES PIGEONS !
CHÉRIE, COMMENT FAIS-TU POUR RESTER AUSSI CALME DEVANT AUTANT DE CRITIQUES ?
COMMENT JE QUOI ?
DÉSOLÉE, JE N'ENTENDS RIEN !
J'ÉCOUTE UNE FORMATION DE JEAN PHI DEPUIS TOUT À L'HEURE

RÉPONSE À TOUT

DANS LE MARKETING RELATIONNEL, IL PARAÎT QU'IL N'Y A QU'UN INFIME POURCENTAGE DE GENS QUI FONT FORTUNE !
PEUT-ÊTRE, MAIS C'EST COMME CEUX QUI FONT DU FOOT, PEU DEVIENDRONT PRO. CE N'EST PAS POUR CELA QU'ILS DOIVENT TOUS ABANDONNER
LES JOURNALISTES PENSENT QUE C'EST DE L'ARNAQUE...
CES JOURNALISTES SONT LES MÊMES QUE CEUX QUI CRITIQUENT LES MILLIONNAIRES !
J'AI UN AMI QUI A EU UNE MAUVAISE EXPÉRIENCE EN TANT QUE DISTRIBUTEUR
MOI AUSSI, UN JOUR, J'AI MANGÉ UNE MAUVAISE POMME.
DEPUIS, J'AI ARRÊTÉ LES FRUITS ET LES LÉGUMES
OUI... MAIS CE BUSINESS, CE N'EST PAS QUELQUE CHOSE DE NORMAL...
OUI, C'EST SÛR, MAIS SI UN SALAIRE NORMAL N'EST PAS SUFFISANT, IL FAUT FAIRE AUTRE CHOSE QU'UN TRAVAIL NORMAL
TAP
TAP
MERCI POUR TON AIDE, CHÉRIE ! TU AS ÉTÉ UN PROSPECT TRÈS CONVAINCANT !

STOP ! CONTRÔLE DE POLICE !
VROOOM VROOM
SORTEZ-MOI VOS PAPIERS ET VOTRE CARTE GRISE !
QUEL EST LE PROBLÈME, MONSIEUR L'AGENT ?
COMMENT SE FAIT-IL QUE QUELQU'UN D'AUSSI JEUNE QUE VOUS PUISSE SE PAYER UNE SI BELLE VOITURE !
VOUS VOULEZ VRAIMENT LE SAVOIR ?
JE VAIS TOUT VOUS EXPLIQUER !
SUIVEZ-MOI !
C'EST PAR LÀ...
NOTRE SOCIETÉ SE BASE SUR UN SYSTÊME DE DISTRIBUTION OÙ LES PROFITS SONT PARTAGÉS AVEC...

IL ME RESTE ENCORE UNE INQUIÉTUDE
QU'EST-CE QUI DISTINGUE LE MARKETING RELATIONNEL D'UN SYSTÈME PYRAMIDAL ?
C'EST UNE EXCELLENTE QUESTION ! CERTAINS CONFONDENT ENCORE...
SOIS RASSURÉ, LA PROFESSION EST RECONNUE PAR LE GOUVERNEMENT FRANÇAIS QUI A CRÉÉ UN STATUT SOCIAL SPÉCIFIQUE: "VENDEUR DIRECT INDÉPENDANT" OU "VDI"
VOICI DEUX QUESTIONS SIMPLES POUR T'AIDER À DÉCELER LE VRAI DU FAUX
UN, TES PARRAINS GAGNENT-ILS DE L'ARGENT LORS DE TON INSCRIPTION ?
ET DEUX, L'ENTREPRISE FAIT-ELLE UN PROFIT SUR LES OUTILS ET LES FORMATIONS QU'ELLE TE PROPOSE POUR RÉUSSIR ?
SI LA RÉPONSE EST DEUX FOIS "NON", ALORS, C'EST DU MARKETING RELATIONNEL
EN FAIT, L'ESSENCE MÊME DE LA VENTE DIRECTE PAR RÉSEAUX, C'EST LA DEVISE DE LA FRANCE: "LIBERTÉ, ÉGALITÉ, FRATERNITÉ"
MAIS... COMME TU LE SAIS...
TOUT LE MONDE NE L'UTILISE PAS DE LA MÊME FAÇON QUE NOUS !
VOTEZ POUR MOI

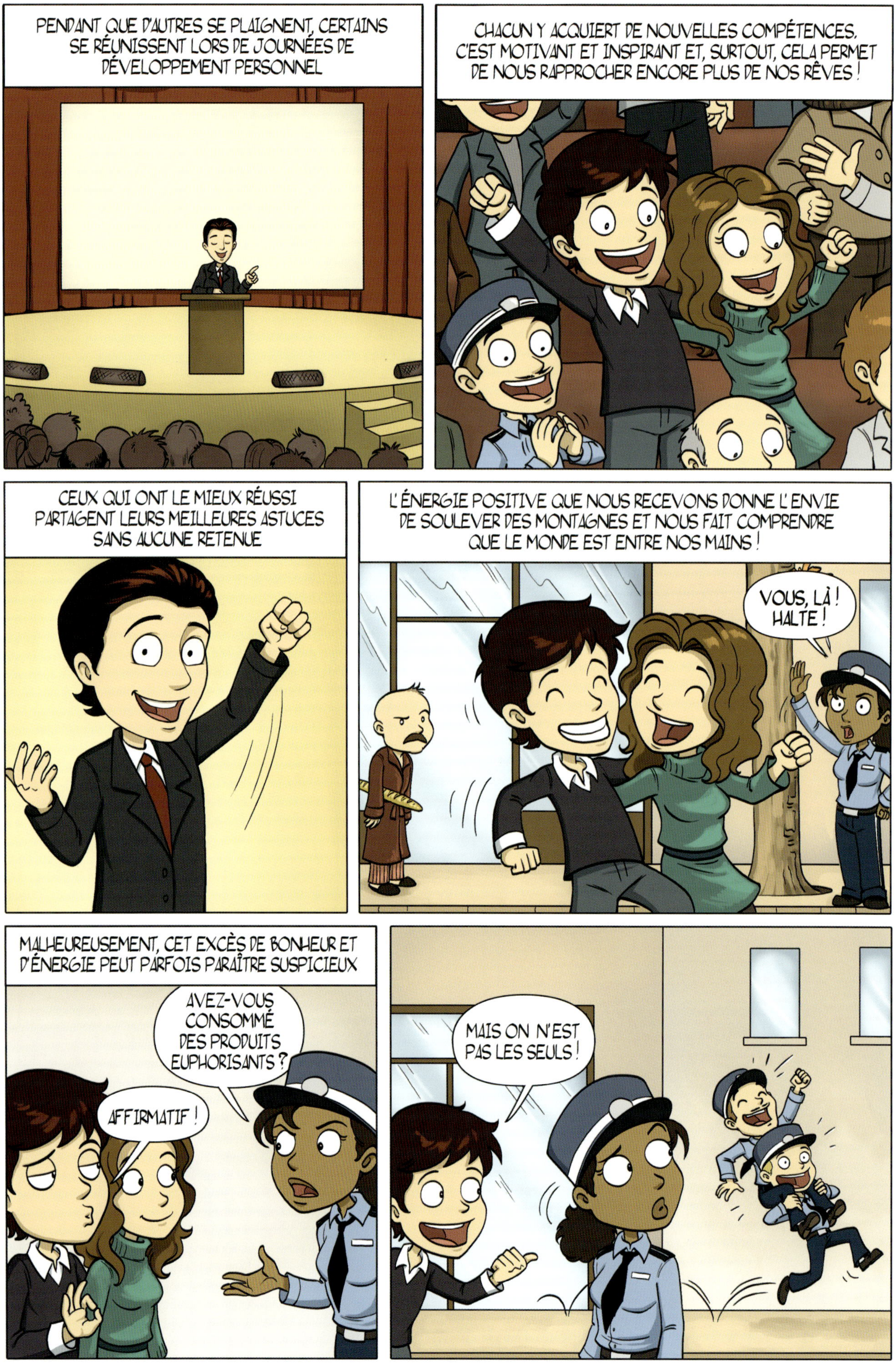
PENDANT QUE D'AUTRES SE PLAIGNENT, CERTAINS SE RÉUNISSENT LORS DE JOURNÉES DE DÉVELOPPEMENT PERSONNEL
CHACUN Y ACQUIERT DE NOUVELLES COMPÉTENCES. C'EST MOTIVANT ET INSPIRANT ET, SURTOUT, CELA PERMET DE NOUS RAPPROCHER ENCORE PLUS DE NOS RÊVES !
CEUX QUI ONT LE MIEUX RÉUSSI PARTAGENT LEURS MEILLEURES ASTUCES SANS AUCUNE RETENUE
L'ÉNERGIE POSITIVE QUE NOUS RECEVONS DONNE L'ENVIE DE SOULEVER DES MONTAGNES ET NOUS FAIT COMPRENDRE QUE LE MONDE EST ENTRE NOS MAINS !
VOUS, LÀ ! HALTE !
MALHEUREUSEMENT, CET EXCÈS DE BONHEUR ET D'ÉNERGIE PEUT PARFOIS PARAÎTRE SUSPICIEUX
AVEZ-VOUS CONSOMMÉ DES PRODUITS EUPHORISANTS ?
AFFIRMATIF !
MAIS ON N'EST PAS LES SEULS !

SYSTÈME PYRAMIDAL

CEUX QUI VEULENT S'INSCRIRE ICI DOIVENT FAIRE ATTENTION… ON EST PEUT-ÊTRE DANS UNE BOITE PYRAMIDALE…
OUI, TU AS RAISON, ON VOIT CLAIREMENT QUE CET HOMME EST AU SOMMET DE LA PYRAMIDE ET A LA PLUS HAUTE RÉMUNÉRATION
IL EST SÛREMENT ICI DEPUIS PLUS LONGTEMPS QUE LES AUTRES !
OUI, SOUVENT, DANS CES ORGANISATIONS, LE SUBALTERNE NE PEUT PAS GAGNER PLUS QUE SON SUPÉRIEUR HIÉRARCHIQUE
DE PLUS, LEUR BUT EST DE RECRUTER LE PLUS DE MONDE POSSIBLE
ET, UNE FOIS QU'ILS ONT SIGNÉ, ILS SONT TRÈS SOUVENT INSATISFAITS DE LEUR TRAVAIL ET DE LEURS REVENUS
OUI, TU AS RAISON ! C'EST CLAIR, QUAND ON Y RÉFLÉCHIT
ON EST BIEN DANS UNE DANGEREUSE BOÎTE PYRAMIDALE !
pôle emploi

DANS LES EMPLOIS TRADITIONNELS, LES MEILLEURS POSTES SONT RÉSERVÉS AUX PLUS DIPLÔMÉS
DANS LE MARKETING RELATIONNEL, CHACUN DÉBUTE À ÉGALITÉ. UNE FULGURANTE CARRIÈRE EST OUVERTE À CEUX QUI SONT DYNAMIQUES, DÉTERMINÉS ET PERSÉVÉRANTS
LORSQUE TU ES EMBAUCHÉ COMME EMPLOYÉ, TU ARRIVES AVEC PLEIN DE BONNE VOLONTÉ... MAIS LES AUTRES PEUVENT TE FAIRE COMPRENDRE QUE TU DOIS RALENTIR
CAR SI TU TRAVAILLES MIEUX, TU POURRAIS MENACER LEUR POSTE
DANS LE MARKETING RELATIONNEL, C'EST L'INVERSE. IL Y A UNE ÉMULATION POSITIVE ET LE SUCCÈS DES UNS ENTRAINE LE SUCCÈS DES AUTRES
QUAND TU ES SALARIÉ, ON T'OBLIGE À TRAVAILLER À UNE HEURE QUE L'ON T'IMPOSE, DANS UN LIEU QUE L'ON T'IMPOSE, AVEC DES GENS QUE TU N'AIMES PAS FORCÉMENT...
DANS LE MARKETING RELATIONNEL, TU ES LIBRE DE CHOISIR TES HORAIRES, TES PARTENAIRES ET TON RYTHME DE TRAVAIL. TU PEUX MÊME TE DONNER LE LUXE D'ALLER CHERCHER TES ENFANTS À L'ÉCOLE

SUITE PAGE SUIVANTE

L' UN DES MEILLEURS MÉTIERS DU MONDE... (SUITE)

QUAND TU ES SALARIÉ, TU N'APPRENDS SOUVENT QUE LES SIX PREMIERS MOIS. PUIS TON TRAVAIL DEVIENT MONOTONE ET RÉBARBATIF
DANS LE MARKETING RELATIONNEL, TU APPRENDS CONSTAMMENT
APPRENDRE... ÉVOLUER... GRANDIR... Y SONT LES MAÎTRES MOTS
QUAND TU ES SALARIÉ... SI TU TRAVAILLES BIEN...
TU NE REÇOIS PAS FORCÉMENT PLUS D'ARGENT
MAIS TU REÇOIS SOUVENT PLUS DE TRAVAIL
DANS LE MARKETING RELATIONNEL, TES REVENUS SONT DIRECTEMENT PROPORTIONNELS À TES EFFORTS
OUI... JE VOIS, C'EST DANGEREUX LE MARKETING DE RÉSEAU !
AH BON ? POURQUOI TU DIS ÇA ?
QUAND TOUT LE MONDE AURA COMPRIS, PLUS PERSONNE NE VOUDRA TRAVAILLER POUR UN PATRON !

JE VAIS PRÉPARER MA LISTE...
ÇA M'A L'AIR SIMPLE À FAIRE !
LUI, CE N'EST PAS LA PEINE, IL A DÉJÀ UNE BONNE SITUATION !
AU CONTRAIRE, CONTACTE LE... IL VOUDRA SÛREMENT GAGNER PLUS !
LUI EST TROP OCCUPÉ...
AU CONTRAIRE, CELA VEUT DIRE QU'IL EST BIEN ORGANISÉ... C'EST MIEUX QUE QUELQU'UN D'INACTIF
LUI, C'EST SUPER, IL A BESOIN D'ARGENT...
AU CONTRAIRE, IL N'EST PEUT-ÊTRE PAS PRÊT À FAIRE LES EFFORTS NÉCESSAIRES
MAIS CONTACTE LE TOUT DE MÊME !
SI JE COMPRENDS BIEN, TU ME DEMANDES D'ÊTRE MOINS SÉLECTIF
?
DU COUP, JE PRENDS LE BOTIN ET J'AI PLEIN DE CLIENTS !
ANNUAIRE
QUOI ? MAIS NON !

TALENT INNÉ

LUNDI
JE VOUS CONSEILLE CE RESTAURANT. LES PLATS Y SONT VRAIMENT DÉLICIEUX !
Ouver
MARDI
TU DEVRAIS ESSAYER CE ROBOT. IL EST GÉNIAL !
MERCREDI
SI VOUS ACHETEZ UNE VOITURE, VOUS NE POUVEZ PRENDRE QUE CELLE-CI !
JEUDI
J'AI VU UN FILM INCROYABLE AU CINÉMA ! JE VOUS CONSEILLE VIVEMENT D'ALLER LE VOIR !
J'AI QUELQUES ÉCHANTILLONS À T'OFFRIR... TU VEUX BIEN LES TESTER ET ME DONNER TON AVIS ?
NON !
SI C'EST POUR ENSUITE ESSAYER DE ME VENDRE LES TRUCS DE TA SOCIÉTÉ... CE N'EST PAS LA PEINE !

DONC, COMME TU VIENS DE L'ENTENDRE LORS DE LA RÉUNION...
C'EST UN MOYEN FUN, SIMPLE ET LÉGAL, D'AUGMENTER TES REVENUS SANS DOUBLER TES IMPÔTS
C'EST UN MOYEN FUN, SIMPLE ET...
C'EST UN MOYEN FUN, SIMPLE ET...
B 6 14
B 33
C'EST UN MOYEN FUN ET...
PARDON SEIGNOR
?
ESTA ICI LA RENIONES ? MEGUSTAS TU !
PIOUU ! ÇA MARCHE VRAIMENT, LE BOUCHE À OREILLE !

PAS VU, PAS DE PRIX

RÉDUCTION SPÉCIALE SUR LA NOUVELLE BOISSON !
GLOUTON .COM
MAXI
Maigris vite
Plage
VENEZ ASSISTER À LA DERNIÈRE REPRÉSENTATION DU CIRQUE !
CIRCUS ZIPATOS
PAS DE PUB!
AU SUJET DE TON PROBLÈME, TU DEVRAIS AU MOINS ESSAYER UN ÉCHANTILLON GRATUIT DE MON PRODUIT
NON !
ET PUIS, D'AILLEURS... SI TON PRODUIT EST SI BIEN QUE ÇA...
POURQUOI JE NE L'AI JAMAIS VU À LA TÉLÉ OU AILLEURS ?

FUIS-MOI JE TE SUIS. SUIS-MOI JE TE FUIS

... C'EST DONC UNE PROFESSION D'AVENIR. IL Y A DU FUN, TU GÈRES TON TEMPS ET TU CRÉES UN REVENU SYMPA EN PLUS
ALORS, QU'EN DIS-TU ?
ÇA POURRAIT M'INTÉRESSER EN EFFET ! ET COMMENT EST-CE QUE
GÉNIAL ! TU VAS VOIR, ON VA CARTONNER !
OUI MAIS COMMENT EST-CE QUE
ON VERRA ÇA PLUS TARD !
CONCENTRE-TOI PLUTÔT SUR DE GRANDS OBJECTIFS !
ON VA FAIRE DES PRÉSENTATIONS À DES CLIENTS...
ON VA FORMER UNE ÉQUIPE DU TONNERRE !
IL NE TE RESTE PLUS QU'À REMPLIR CE PETIT FORMULAIRE !
MAIS POURQUOI IL EST PARTI ? IL M'AVAIT DIT "OUI"
TU ES VICTIME DE TON ENTHOUSIASME ET..
TU LUI AS LITTÉRALEMENT DÉGOBILLÉ UNE PIZZA SUR LES GODASSES

LE LOUP ET LE CHIEN

UN LOUP, QUI N'AVAIT QUE LES OS ET LA PEAU, VIT UN DOGUE AUSSI PUISSANT QUE BEAU.
L'ATTAQUER IL L'EÛT FAIT VOLONTIERS. MAIS N'AYANT RÉCEMMENT RIEN MANGÉ, IL DÉCIDA D'ALLER LUI PARLER.
J'ADMIRE VOTRE EMBONPOINT !
IL N'EN TIENT QU'À VOUS ! SUIVEZ-MOI, VOUS AUREZ UN BIEN MEILLEUR DESTIN !
LE LOUP DÉJÀ SE FORGE UNE FÉLICITÉ QUI LE FAIT PLEURER DE TENDRESSE.
QUE DEVRAIS-JE FAIRE POUR CELA ?
PRESQUE RIEN... FLATTER CEUX DU LOGIS, À SON MAÎTRE COMPLAIRE... CE À QUOI VOUS RECEVREZ UN SALAIRE !
SUR LE POINT D'ACCEPTER... LE LOUP VIT LE COL DU CHIEN PELÉ.
QU'EST-CE LÀ ?
PEU DE CHOSE... LE COLLIER DONT JE SUIS ATTACHÉ DE CE QUE VOUS VOYEZ EST PEUT-ÊTRE LA CAUSE. MAIS QU'IMPORTE ?
IL IMPORTE SI BIEN, QUE DE TOUS CES REPAS, LE LOUP NE VEUT EN AUCUNE SORTE ET NE VOUDRAIT PAS MÊME À CE PRIX UN TRÉSOR.
CELA DIT, MAÎTRE LOUP S'ENFUIT, ET COURT ENCORE...
TU VOIS, PLUS JE RELIS CET OUVRAGE...
ET PLUS JE ME DIS QUE JEAN DE LA FONTAINE DEVAIT ÊTRE UN TOP LEADER DE MARKETING RELATIONNEL !
Fables

DÎNER SANS GASPILLER

BONJOUR, QU'EST-CE QUE JE VOUS SERS ?
BONJOUR, JE VAIS PRENDRE LE PLAT DU JOUR, S'IL VOUS PLAÎT
ALORS ?
FRANCHEMENT ? IL EST NUL, CE RESTO...
IL N'Y A AUCUN BON PROSPECT PRÊT À SAISIR NOTRE OPPORTUNITÉ
LE LENDEMAIN
QU'EST-CE QUE JE VOUS SERS ?
JUSTE UNE PETITE QUESTION AVANT DE VOUS RÉPONDRE. VOUS SENTEZ-VOUS MARIÉE À VOTRE EMPLOI OU ÊTES-VOUS OUVERTE À DE NOUVELLES PERSPECTIVES ?
30 SECONDES PLUS TARD
J'AIMERAIS BEAUCOUP EN SAVOIR PLUS...
JE NE VOUDRAIS PAS VOUS METTRE EN RETARD. TÉLÉPHONEZ-MOI, NOUS FIXERONS UN RENDEZ-VOUS
ALORS ?
TU AS RAISON, IL EST NUL CE RESTAURANT...
ON NE PEUT PAS MANGER TRANQUILLEMENT SANS QUE L'ON VOUS DEMANDE UNE PRÉSENTATION D'AFFAIRES

UN PARCOURS CLASSIQUE DANS LE MARKETING RELATIONNEL

ON COMMENCE DANS UN ÉTAT SEMI-DÉPRESSIF À FORCE DE MANQUER D'ARGENT ET DE RÉUSSITE PERSONNELLE...
ON DÉCOUVRE CE MÉTIER QUI PARAÎT ÊTRE UNE SOLUTION... L'ESPOIR NOUS REND HEUREUX...
PUIS ON SE REND COMPTE QUE CE N'EST PAS SI FACILE QUE ÇA. ON SE DÉCOURAGE. ON ABANDONNE
ON FINIT ALORS ENCORE PLUS DÉPRIMÉ QU'AU DÉPART
ÇA SE PASSE COMME ÇA, DANS LE MARKETING RELATIONNEL
OUI, TU AS RAISON, ÇA SE PASSE COMME ÇA QUAND ON ABANDONNE
!!
VROOM
ET VISIBLEMENT DIFFÉREMMENT QUAND ON N'ABANDONNE PAS !

NOTRE PARRAIN RAYONNE ET DIFFUSE UNE AURA POSITIVE SUR LES GENS QU'IL CROISE
IL EST CAPABLE DE S'ADAPTER À TOUTES LES CIRCONSTANCES ET MONTRE QU'IL RESPECTE ET CONSIDÈRE TOUT LE MONDE
IL TRANSPIRE LA CONFIANCE EN LUI, LÀ OÙ LES AUTRES SONT APEURÉS. IL A UNE INCROYABLE AISANCE DANS LES SITUATIONS QU'IL CRAIGNAIT AUTREFOIS
BIEN QU'IL SEMBLE ÊTRE CELUI QUI EN A LE MOINS BESOIN, IL CONTINUE D'APPRENDRE CONSTAMMENT ET DE TRAVAILLER PLUS QUE LES AUTRES...
NOTRE PARRAIN A BIEN RÉUSSI ET EST UN MODÈLE POUR BEAUCOUP...
MAIS CE N'EST PAS CELA QUI M'IMPRESSIONNE LE PLUS...
CE QUI EST VRAIMENT INSPIRANT...
C'EST LE GRAND HOMME QU'IL EST DEVENU !

SYSTÈME BRIDÉ

SI UN AGENT IMMOBILIER VEUT GAGNER PLUS D'ARGENT EN TRAVAILLANT AUTANT...
EFFET DE LEVIER
$
IL PEUT AUGMENTER LA VALEUR DE SES TRANSACTIONS ET RECEVOIR DE PLUS GROSSES COMMISSIONS
SI UN CONFÉRENCIER VEUT GAGNER PLUS D'ARGENT EN TRAVAILLANT AUTANT...
EFFET DE LEVIER
IL PEUT AUGMENTER LE PRIX DES BILLETS OU PARLER DEVANT PLUS DE SPECTATEURS
SI UN DISTRIBUTEUR VEUT GAGNER PLUS D'ARGENT EN TRAVAILLANT AUTANT...
EFFET DE LEVIER
IL PEUT AGRANDIR SON ÉQUIPE ET AIDER ENCORE PLUS DE DISTRIBUTEURS À MIEUX RÉUSSIR
TANDIS QUE SI UN EMPLOYÉ VEUT GAGNER PLUS D'ARGENT EN TRAVAILLANT AUTANT...
LA SEULE CHOSE QU'IL PEUT FAIRE...
C'EST IMPLORER SON PATRON !

RECOMMANDATIONS AND CO

AVEC SA COUSINE
JE VIENS DE M'INSCRIRE À UNE BANQUE EN LIGNE...
IL YA BEAUCOUP MOINS DE FRAIS, ET ON A UNE CARTE DORÉE GRATUITE À VIE
SI TU VEUX T'INSCRIRE, JE T'ENVOIE UN CODE POUR ÊTRE TA MARRAINE
TU GAGNES 80 EUROS EN TEMPS QUE FILLEULE ET MOI 120 EUROS
AVEC UN COLLÈGUE
TU PEUX METTRE TON REPAS SUR MA CARTE DE FIDÉLITÉ ?
JE SUIS À DEUX DOIGTS D'EN AVOIR UN GRATUIT
À UNE AMIE
LA PROCHAINE FOIS QUE TU T'ACHÈTES UN LIVRE... TU PEUX COMMANDER DEPUIS MON SITE WEB ?
C'EST LE MÊME PRIX POUR TOI, ET MOI, ÇA ME RAPPORTE 5% GRÂCE À L'AFFILIATION
QUOI, TU TOUCHES UNE COMMISSION SUR LES PRODUITS QUE TU VEUX ME VENDRE ?
TU N'AS PAS HONTE DE VOULOIR GAGNER DE L'ARGENT SUR LE DOS DE TES VOISINS !
PAF

CHALLENGE INTÉRIEUR

LUNDI
L'IDÉE, C'EST QUE JE VOUS FORME À DEVENIR DES LEADERS !
LOL !
MARDI
NE L'INVITE PAS À TON ANNIV... IL VA ENCORE NOUS HARCELER AVEC SON AFFAIRE !
MERCREDI
EST-CE QUE VOUS...
NON !
JEUDI
MERCI À TOUS D'ÊTRE VENUS SI NOMBREUX !
KRUI KRUI KRUI KRUI...
POURQUOI C'EST AUSSI DUR ?
NE RÊVE PAS QUE CE SOIT PLUS SIMPLE ! FAIS EN SORTE D'ÊTRE PLUS FORT !
JE CROIS QUE JE VAIS DÉFINITIVEMENT ME L'ACHETER, TA CONFÉRENCE DE DÉVELOPPEMENT PERSONNEL !

LE SECRET

WOOWW ! JE N'EN PEUX PLUS !
J'AI UN BON SALAIRE MAIS QU'EST-CE QUE JE SUIS STRESSÉ ET FATIGUÉ !
AH OUI ? ET TU CHERCHES UNE SOLUTION ?
OUI, J'EN CHERCHE UNE... MAIS LAQUELLE ?
IL EXISTE UN MOYEN SIMPLE, LÉGAL ET AMUSANT DE DOUBLER SES REVENUS
JE CONNAIS UNE FEMME DONT C'EST LE MÉTIER. JE PEUX VOUS METTRE EN CONTACT ET VOUS IREZ BOIRE UN CAFÉ
DIS-LUI DE M'APPELER LE PLUS TÔT POSSIBLE. JE SUIS CURIEUX. J'ESPÈRE QUE ÇA SE PASSERA BIEN !
NE T'INQUIÈTE PAS, ELLE EST SUPER ACCESSIBLE ET HUMBLE
CHÉRI, TU VIENS DE M'ENVOYER TON PREMIER PROSPECT !
NON, PAS DU TOUT. C'EST LUI QUI M'A DEMANDÉ SI J'AVAIS UNE SOLUTION
...
MAIS C'EST DONC ÇA !

FRAIS DE CONSTITUTION DE SOCIÉTÉ 500€
EXPERT COMPTABLE 1500€/AN
COTISATIONS RSI 1500€/AN
COTISATION FONCIÈRE DES ENTREPRISES 500€/AN
AMORTISSEMENT MATERIEL 1000€/AN
FRAIS AVOCAT 800€/AN
LOCATION BUREAU 5000€/AN
ACHAT DE STOCK 1500€/AN
EMPLOI D'UN STAGIARE 6000€/AN
TOTAL : 18300€/AN
EMPRUNT ÉTUDIANT 3600€/AN
ASSURANCES 2500€/AN
IMPOTS LOCAUX 500€/AN
NOURRITURE 3000€/AN
LOISIRS 2000€/AN
LOGEMENT 5000€/AN
FACTURES DIVERSES 2000€/AN
TOTAL : 18600€/AN
=
POUR CRÉER MA SOCIÉTÉ SVP
JE TE COMPRENDS, JE SUIS PASSÉ PAR LÀ
TIENS, TU EN AS BIEN BESOIN...
QU'EST-CE QUE C'EST ? C'EST UN CHÈQUE ?
POUR CRÉER MA SOCIÉTÉ SVP
NON, BEAUCOUP MIEUX ! C'EST MA CARTE !
APPELLE-MOI SI TU VEUX CRÉER UNE MULTINATIONALE POUR MOINS DE 300€
POUR CRÉER MA SOCIÉTÉ SVP

L'ÉCOLE DU 21ÈME SIÈCLE

JE SORS D'UNE GRANDE ÉCOLE DE COMMERCE MAIS JE N'AI PAS L'IMPRESSION D'AVOIR APPRIS BEAUCOUP SUR LA VENTE...
NOUS AUSSI... EN QUELQUE SORTE, C'EST UNE ÉCOLE...
SAUF QUE, CHEZ NOUS, ON APPREND PAR L'ACTION, ON APPREND SUR LE TERRAIN
ON NOUS ENSEIGNE LES CONNAISSANCES LES PLUS IMPORTANTES POUR ENTREPRENDRE SA VIE
NOUS APPRENONS À ÊTRE DE VRAIS ENTREPRENEURS...
NOUS CRÉONS DES RÉSEAUX DE RELATIONS
NOUS APPRENONS À PARLER EN PUBLIC ET À AGIR EN LEADERS
ET, LE PLUS BEAU, C'EST QU'IL Y A BEAUCOUP D'ENTRAIDE ET D'ENCOURAGEMENTS !
LES ÉLÈVES DEVIENNENT PROFS ET LES PROFS RESTENT ÉLÈVES !
WOOOOWWW... ELLE DOIT COÛTER CHER, TON ÉCOLE DE COMMERCE
NON... PAS VRAIMENT...
ON Y EST PAYÉ POUR APPRENDRE !
!!

CONCLURE UN SUPER MARCHÉ

PARFOIS, DANS LA GRANDE DISTRIBUTION, UNE FOIS L'ARGENT SORTI DE SON PORTEFEUILLE, LE CLIENT PERD DE SON INTÉRÊT !
DÉMERDEZ-VOUS AVEC VOTRE ACHAT !
DANS LA VENTE DIRECTE, PAR CONTRE, LES CONSEILS ET LE SUIVI DANS LE TEMPS SONT QUASIMENT ILLIMITÉS... IL Y A DES RENCONTRES, DES CONVERSATIONS ET DU PARTAGE...
DANS UN SUPERMARCHÉ, POUR QU'UN PRODUIT SE VENDE, IL FAUT SIMPLEMENT LE METTRE EN TÊTE DE GONDOLE
KIKOOBAR
PROMO
REDUCTION 30%
ALORS QUE, DANS LE MARKETING RELATIONNEL, LE PRODUIT SE VENT UNIQUEMENT S'IL EST BON, PUISQUE SON SUCCÈS EST BASÉ SUR LE BOUCHE À OREILLE
ALORS, MONSIEUR LE DIRECTEUR... SOYEZ UN PEU SÉRIEUX...
?
VENDEZ VOTRE SUPERMARCHÉ ET REJOIGNEZ-NOUS !
!?

MAUVAISE RENCONTRE

J'AI FAIT DU MARKETING RELATIONNEL PENDANT 1 AN ET ÇA A ÉTÉ UNE CATASTROPHE.
LE KIT DE DÉMARRAGE ÉTAIT ASSEZ CHER...
$$$
LES RÉUNIONS QUE L'ON DEVAIT SUIVRE UNE FOIS PAR SEMAINE, C'ÉTAIT LIMITE SECTAIRE
ET PIRE, SI ON NE VENDAIT PAS ASSEZ... LE PARRAIN NOUS METTAIT LA PRESSION POUR INVITER TOUJOURS PLUS DE PROSPECTS
$=?
DU COUP, LE MARKETING RELATIONNEL C'EST TERMINÉ POUR MOI !
J'AI EU UNE EXPÉRIENCE SIMILAIRE ! JE SUIS SORTI AVEC UNE FILLE PENDANT 1 AN ET ÇA A ÉTÉ UNE CATASTROPHE
ELLE EST VENUE S'INSTALLER CHEZ MOI. IL A FALLU REFAIRE LA DÉCO, ÇA M'A COUTÉ UN BRAS !
$$$
BILL
ELLE NE VOULAIT PLUS QUE JE VOIE MES AMIS OU QUE JE SORTE SEUL. C'ÉTAIT LIMITE SECTAIRE
ELLE N'ARRÊTAIT PAS DE CHANGER D'AVIS ET, AU FINAL, ELLE N'ÉTAIT QUAND MÊME JAMAIS CONTENTE
ELLE ME METTAIT UNE PRESSION DE DINGUE POUR QUE JE GAGNE BIEN MA VIE... ET SI JE NE TRAVAILLAIS PAS ASSEZ SELON SES CRITÈRES, ELLE NE VOULAIT PLUS FAIRE L'AMOUR !
$=?
DU COUP, LES FEMMES, C'EST FINI POUR MOI...
AUJOURDHUI, JE SUIS AVEC UN BICHON MALTAIS ET JE M'EN FÉLICITE

SI YOUTUBE RÉMUNÈRE 1 EURO LES 1000 VUES ET QU'UN ADO A 5 MILLIONS DE VUES PAR MOIS,
YouT.
ALORS, OUI, IL GAGNE 5000 € PAR MOIS
Test - Episode#03
SI UN FORMATEUR A 300 PARTICIPANTS LORS D'UN SÉMINAIRE À 500€ LA PLACE...
ALORS, OUI, IL GAGNE 150.000€ !
LE LEADER DE MARKETING RELATIONNEL QUI A BÂTI UNE ORGANISATION QUI GÉNÈRE 500.000€ DE VENTE MENSUELLES ET QUI PERÇOIT 5% DE COMMISSIONS...
GAGNE EFFECTIVEMENT 25000€ PAR MOIS !
TOUT CECI PEUT PARAÎTRE COMME UN MENSONGE AUX OREILLES DE BEAUCOUP... SURTOUT DE CEUX QUI TRAVAILLENT DUR POUR UNE FAIBLE RÉMUNÉRATION
C'EST DES CONNERIES !
LE PROBLÈME, C'EST QUE LES GENS SE BASENT SUR LEUR RÉALITÉ POUR VOUS DIRE COMBIEN IL EST POSSIBLE DE GAGNER. ILS PENSENT SAVOIR QUELS CHIFFRES SONT RÉELS ET QUELS CHIFFRES SONT FARFELUS....
5.000€/m
20.000€/m
25.000€/m
1.200€/m
FAUX
FAUX
FAUX
VRAI
MAIS RASSUREZ-VOUS... IL Y A UN SIGNE QUI NE TROMPE JAMAIS ET QUI VOUS PROUVE QUE VOUS ÊTES SUR LE CHEMIN DE LA RÉUSSITE FINANCIÈRE
C'EST QUAND VOTRE BANQUIÈRE COMMENCE À VOUS ACCUEILLIR AVEC UN PETIT CAFÉ !
ACCUEIL

DANS LE MARKETING RELATIONNEL, COMPÉTENCES, PATIENCE ET TÉNACITÉ PEUVENT VOUS RENDRE FINANCIÈREMENT LIBRE !
SUPER ! C'EST GÉNIAL !
QUELQUES JOURS PLUS TARD
NON, DÉSOLÉ JEUNE HOMME, VOTRE PRODUIT NE M'INTÉRESSE PAS...
QUELQUES SEMAINES PLUS TARD
QUELQUES MOIS PLUS TARD
1 AN PLUS TARD
C'EST LUI !
IL M'A ARNAQUÉ !
JE ME SUIS INSCRIT ET JE NE SUIS TOUJOURS PAS MILLIONNAIRE !
!?

SOUS UNE BONNE ÉTOILE

OUAI, J'AVOUE ! LE MARKETING RELATIONNEL, ÇA PEUT MARCHER MAIS C'EST PARCE QUE TOI, TU AS EU BEAUCOUP DE CHANCE DE RÉUSSIR !
OUI, C'EST VRAI, J'AI EU BEAUCOUP DE CHANCE !
J'AI EU BEAUCOUP DE CHANCE QUE MON RÉVEIL SE SOIT MIS À SONNER TOUT SEUL AVANT UNE PRÉSENTATION MATINALE
J'AI EU BEAUCOUP DE CHANCE QUE MES PIEDS M'AIENT CONDUIT TOUT SEULS AUX RÉUNIONS DE FORMATION ALORS QUE JE N'EN AVAIS PAS FORCÉMENT ENVIE
J'AI EU BEAUCOUP DE CHANCE QUE DES CD DE DÉVELOPPEMENT PERSONNEL SE SOIENT GLISSÉS TOUT SEULS DANS MA VOITURE
J'AI EU BEAUCOUP DE CHANCE QUE LES CLIENTS VIENNENT D'EUX-MÊMES M'APPORTER LEUR ARGENT
TU AS RAISON, J'AI EU BEAUCOUP DE CHANCE !

LE BON MOMENT

PENDANT LES ANNÉES 70, AVANT LA MONTÉE DES PRIX DE L'IMMOBILIER...
CERTAINS ACHETAIENT SUR L'ÎLE DE RÉ, LA CÔTE D'AZUR OU EN PLEIN PARIS
PENDANT LES DÉBUTS D'INTERNET...
CERTAINS ACHETAIENT LES MEILLEURS NOMS DE DOMAINES POUR QUELQUES EUROS...
vous souhaitez acheter PIZZA.COM ?
BUY
CLIC !
PENDANT LA CRISE BOURSIÈRE...
CERTAINS AVAIENT ACHETÉ DES MÉTAUX RARES POUR LES REVENDRE À PRIX D'OR
ET, PENDANT QUE LE MARKETING RELATIONNEL COMMENCE À SE PRÉSENTER COMME LE BUSINESS DU 21IÈME SIÈCLE...
CERTAINS SE PLAIGNENT QU'IL N'Y A PAS D'OPPORTUNITÉS À SAISIR
ET ATTENDENT ENCORE...
?

APPRENDRE DES MEILLEURS

IMAGINEZ APPRENDRE À JOUER AU GOLF AVEC TIGER WOODS !
APPRENDRE À INVESTIR EN BOURSE AVEC WARREN BUFFETT !
APPRENDRE À CUISINER AVEC PAUL BOCUSE !
OU APPRENDRE LE CINÉMA AVEC STEVEN SPIELBERG !
13
IL FAUT TOUJOURS APPRENDRE AUX CÔTÉS DE PERSONNES QUI EXCELLENT EN LEUR DOMAINE
C'EST CE QU'ON A RESSENTI EN DÉCOUVRANT LE MARKETING DE RÉSEAU À TES CÔTÉS
ET ON N'A QU'UNE CHOSE À TE DIRE...
MERCI PARRAIN !

NOUVELLE VIE

CHER JOURNAL, IL Y A UN AN ENCORE, J'ÉTAIS COINCÉ DANS UNE ROUTINE QUI AURAIT PU ÊTRE SANS FIN....
PUIS, J'AI DÉCOUVERT CETTE BD QUI M'A FAIT COMPRENDRE QU'IL EXISTAIT D'AUTRES VOIES
JE NE ME DOUTAIS PAS À CE MOMENT PRÉCIS QUE CES DESSINS ALLAIENT CHANGER MA VIE
ENTREPRENEURZ
LES DÉBUTS ONT ÉTÉ DIFFICILES... MAIS J'AI SU APPRENDRE, ME REMETTRE EN QUESTION ET PERSÉVÉRER...
JE N' AI PAS ENCORE LICENCIÉ MON PATRON ET LA ROUTE EST LONGUE, MAIS JE CROIS EN MOI
EN Y REPENSANT...
CE N'EST PAS DU TOUT CETTE BD QUI A CHANGÉ MA VIE...
C'EST CE QUE J'AI FAIT APRÈS L' AVOIR LUE...
ENTREPRENEURZ

ET VOUS ?

QU'ALLEZ-VOUS FAIRE ?

SI CES PAGES VOUS ONT INSPIRÉ,
VOICI QUOI FAIRE ENSUITE...

VENEZ À NOTRE RENCONTRE POUR CLARIFIER VOTRE PREMIÈRE IMPRESSION ! AU PIRE, NOUS AURONS FAIT CONNAISSANCE AUTOUR D'UN BON VERRE ET, QUI SAIT, PEUT-ÊTRE QUE NOUS ALLONS ENSUITE CHOISIR DE FAIRE UN BOUT DE CHEMIN ENSEMBLE ?
VOUS VOUS DITES PARFOIS QUE VOUS MÉRITEZ MIEUX ? VOUS AVEZ RAISON ET IL EST DÉSORMAIS TEMPS DE LE DÉMONTRER ! C'EST DONC MAINTENANT À VOUS DE JOUER...

REPRENEZ CONTACT AVEC LE DISTRIBUTEUR
QUI VOUS A FAIT DÉCOUVRIR CETTE BD

PRÉNOM : ....

NOM : ....

TÉL. : ....

E-MAIL : ....

....